ピースキーパー

NGO 非暴力平和隊の挑戦

メル・ダンカン
君島東彦
非暴力平和隊・日本

阿吽社

刊行にあたって

このブックレットは、非暴力平和隊・日本（Nonviolent Peaceforce Japan, ＮＰＪ）が２０１６年７月初めに日本に招いた国際平和活動のリーダー、メル・ダンカン（Mel Duncan）氏の講演記録と、ダンカン氏招請の発案者、君島東彦ＮＰＪ共同代表（立命館大学教授）がダンカン講演を補足するかたちで行った日本国憲法の平和主義についてのコメントを収めたものです。

刊行の目的について君島代表は、「いまの日本において、非暴力平和隊の活動をひとりでも多くの日本人に知ってもらい、憲法９条改正反対の根拠・論拠を提供する」としています。講演スケジュールは、自民党等の改憲勢力が衆・参両院の３分の２の多数を占めて国会の改憲発議が可能となるに至った２０１６年７月10日の参議院議員選挙を強く意識して組まれたものです。

ダンカン氏は、国際平和活動団体〈非暴力平和隊〉（本部米国・ミネアポリス）が２００２年にインドで設立総会を開いて発足したときの創設メンバーのひとりです。世界各地の紛争地域を回って活動戦略を立てるとともに、活動の基盤となる資金を集めるためのキャンペーンに当たり、「非暴力・非武装による紛争解決は『夢想主義』でも『理想主義』でもなく、いちばん『現実的』です」と訴え続けています。

来日は2度目で、今回は東京、京都、広島で4回の講演を行いました。4回の講演会シリーズのハイライトは、広島集会講演の終わり近くに米国の原爆投下を「お詫び」したことです、「原爆投下は人類全体に対する犯罪だ。アイ・アム・ソーリー」と。それは、「お許び」を避けたオバマ米大統領に代わり、米国の一市民として必要な務めを果たそうとするかのようでした。

君島代表は、東京、京都でダンカン氏とともに演壇に立ちました。その言葉を、改めて文書に綴ったのが本書掲載の「日本国憲法が想定する非軍事による平和構築——憲法9条と非暴力平和隊」です。

できるだけ多くの、とくに戦争の惨禍を知らない若い世代の方々が本書を読み、世界各地で行われている非暴力平和の活動を知っていただくことを願っています。

非暴力平和隊・日本　事務局

目次

市民による平和構築の可能性

メル・ダンカン（小泉直子訳）

今日お話ししたいことを最初に一言でいうと、「日本は、これ以上軍事化を進めなくとも、グローバルな安全保障において責任ある役割を果たすことができ、平和に積極的に貢献できる」ということです。

□文民保護

文民保護は、ＰＫＯ（Peacekeeping Operations）が直面している大きな問題です。この

10年は、人々にとって残酷な歳月でした。国連難民高等弁務官事務所が2週間前に発表したところによると、去年1年間で6500万人が自分の家から逃れなければなりませんでした。つまり1日あたり34000人が難民になっているのです。

さらに、気候変動によって次の世紀にわたり紛争が激化することが容易に予想できます。非暴力平和隊が現在活動をしているすべての紛争に、気候変動が大きく影響を与えるのです。非暴力平和隊はNGO（Non Governmental Organizations／非政府組織）で、暴力的な紛争にさらされている文民を直接保護する活動をしています。そのために、抑止（deterrence）と励まし（encouragement）というメソッドを組み合わせて用いています。

従来、文民保護は軍や警察の仕事でした。ところが、この考え方は、国連だけでなく暴力的紛争地域でも変わりつつあります。文民保護は、軍事においては最優先されるものではなくなっているのです。

□国連レポート

昨年、国連から3つの非常に重要なレポートが出されました。「HIPPOレポート（ホルタ・レポート）」、「平和構築アーキテクチャーに関する検討報告書（The Challenge of

Sustaining Peace)」、および「女性・平和・安全保障に関する国連安保理第1325号のグローバル・レビュー（Preventing Conflict, Transforming Justice, Securing the Peace)」です。そして昨年9月、国連総会は今後の活動の基盤となる「持続可能な開発目標」を採択しました。その16番目の目標が、「平和で包括的な社会」の促進です。

「HIPPOレポート」は文民保護に言及し、国連が文民を保護する活動においては非武装の戦略が最優先されなければならないと強調しています。これはブラヒミ・レポートなど、これまでの報告書と比べて大きく変わった点で、人道的団体が文民保護の不可欠な役割を果たすという重要な提言をしています。さらに、UNMISS（国連南スーダン・ミッション）のような国連ミッションは、これらのNGOと直接連携するべきだとも提言しています。

「女性・平和・安全保障に関する国連安保理決議第1325号のグローバル・レビュー」は、女性を守るのに非武装文民保護がとくに有効であるという調査結果を示し、加盟国に対して女性のエンパワメントや非暴力による保護の促進、非武装文民保護への支援拡大を提言しています。

□非武装文民保護活動の諸グループ

広島講演会会場

非暴力平和隊だけが非武装文民保護（UCP／Unarmed Civilian Protection）の活動をしているわけではありません。過去25年間に関する最近の調査によると、37か国56団体がUCPの活動をしています。

UCPは文民を直接保護し、現地の市民社会を支援し、彼ら自身を守り、現地における平和のための制度を強化します。実際、UCPは非暴力かつ不偏不党であり、現地のアクターを最優先します。文民保護の活動をする人々は、特別に訓練されたプロフェッショナルで、フルタイムで仕事をしています。日本を含め26か国から参加しています。その半数は女性です。ちなみに国連PKOのピースキーパーの場合は女性が4％です。

また、文民保護活動に加わっている人々の半数以上が当事国の人々です。私たちは暴力の影響を直接受けている地域社会の中で暮らし、仕事をしています。私たちの活動は費用対効果が高いのです。ＰＫＯは資源が限られているので、費用対効果が高いことはとくに重要です。

□ＵＣＰの訓練

非暴力平和隊のピースキーパーとして派遣される人々は、徹底的に訓練を受けます。最初に、非暴力、不偏不党性、現地のアクターが最も重要だということから始まります。それから10のメソッドを学びます。そして紛争の分析について学び、これらの様々なメソッドを紛争現場でいつ、どのように適用するかを学びます。私たちのチームは様々な国の出身者がいるので、異文化間コミュニケーションについても学びますし、チームワークの方法についても学びます。最近、国連訓練調査研究所（ユニタール）と共同でＵＣＰメソッドの学習法を開発したところですが、この学習法はｅラーニングのコースとしても、この秋から提供することになっています。

□非暴力平和隊の10のメソッド

　下の図をご覧ください。私たちが用いているメソッドが書かれています。10の異なるメソッドがあります。その例をご紹介しましょう。

　私たちは2010年以降、南スーダンで活動しており、現在200人がチームに参加しています。日本からは岡田二朗

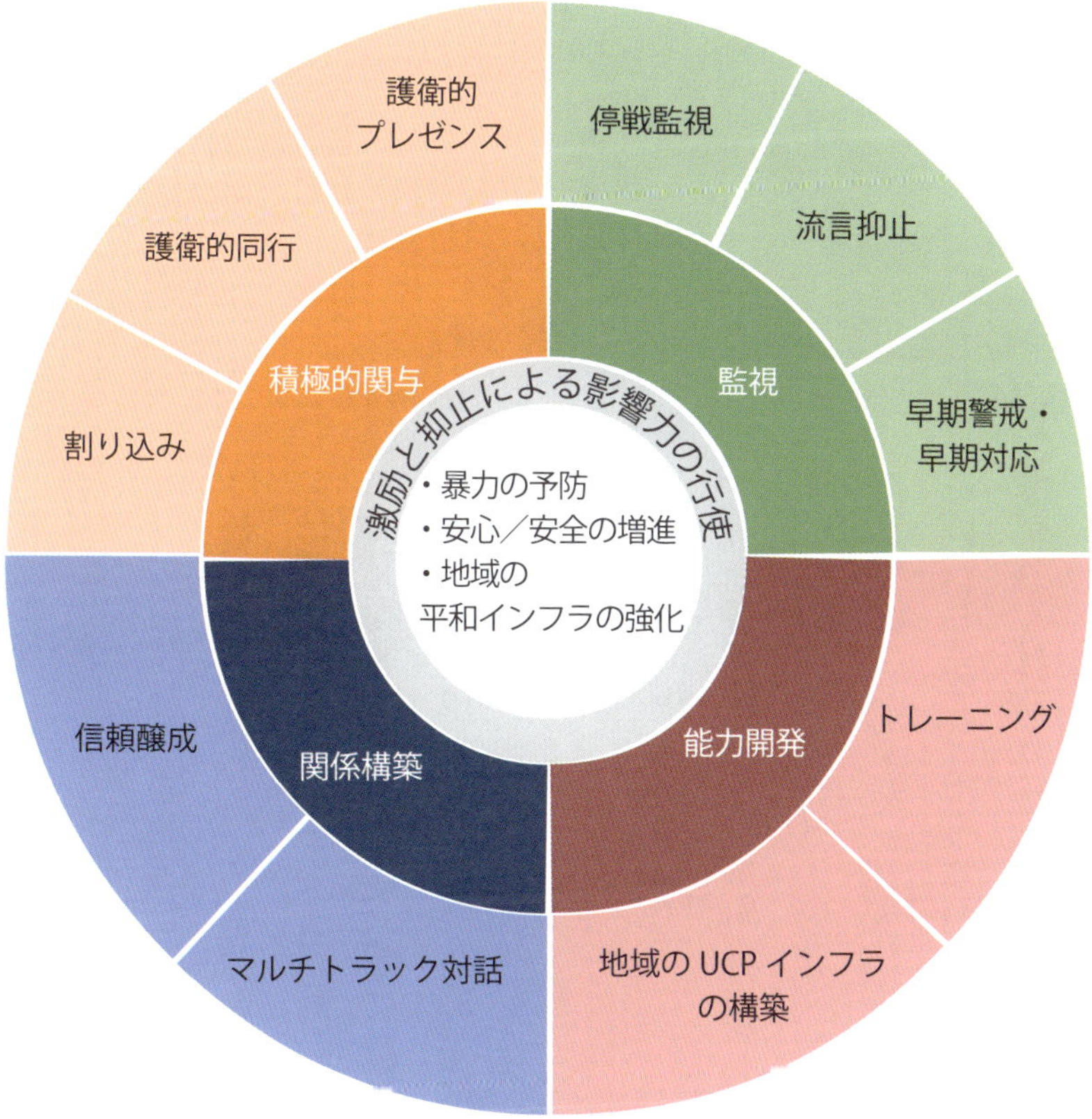

非暴力平和隊の 10 のメソッド

【護衛的同行】ブラジル出身のティアゴが一団の女性の先頭に立つ

さんが参加しています。現在、数千人の人々が非暴力平和隊の活動地区にいます。毎日、女性たちは地区を出て薪を集めなければなりません。家族の食事を作るために薪が必要だからです。薪を集めるために保護地区を出ると、彼女たちは政府軍や反政府軍の兵士に、しばしばレイプされます。

□レイプからの保護

上の写真はブラジル出身のティアゴです。彼の他に2～3人の非武装文民保護の活動メンバーが、20人から30人の女性に同行します。そうすれば女性は安全です。兵士は女性に近づきません。ここ1

年半、このやり方で100%、女性たちを守ることができています。

もう一つ、割り込み(interpositioning)というメソッドがあります。下は、フィリピンのミンダナオの写真です。ある日、反政府軍が村の一方からやってきて、フィリピン政府軍がもう一方からやってきました。人々はパニックに陥り、荷物をまとめて逃げようとしました。長老たちが近くにいた私たちのチームに電話をかけてきました。電話を受けた人は、行くと言いました。そして彼は、反乱軍の司令官と政府軍の司令官に電話をして言いました。

「きっと何かの間違いだ。あなたの軍隊

【割り込み】フィリピン・ミンダナオの活動現場

【護衛的プレゼンス】南スーダンの活動地

がこの村に集結して、村の人々がパニックに陥って、逃げようとしている。あなたが、そんなことを望んではいないことはわかっている。私たちはこれから行く。あなたの兵士たちが立ち去るまで、村にいるつもりだ」。そして兵士たちは立ち去り、1000人の人々は家に留まりました。

上も南スーダンの写真です。右がイギリスから来たデリック、左がメキシコから来たアンドレアスです。文民保護地区に彼らがいたとき、反乱軍が攻撃をしました。デリックとアンドレアスは14人の女性と子供たちをテントに連れて行き、入り口に立ちました。民兵たちは3回来て「そこをどけ。彼女たちを渡せ」と言いました。そのたびにデリックとアンドレアスは身分を示すバッジを静かに掲げて「私たちは非武装だ。文民を守るためにここにきている。私たちはここに居続ける」と言いました。３回目に民兵は立ち去りました。

ＰＫＯ軍もこの地域にいましたが、彼らは駐屯地から出ず、首都に電話をかけて、自分たちの部隊行動基準（交戦規定）を調べていたのです。

【早期警戒・早期対応】文民保護活動コンビの２人

□早期警戒・早期対応

早期警戒・早期対応（early warning, early response）というメソッドがあります。上の写真に、文民保護活動をしている2人が写っています。インド出身のアシャ、南スーダン出身のアブラハムです。ある日の午後、２つの部族の間で戦いが起きました。早期警戒を用いて、現地の人々が私たちのチームに電話をかけてきました。チームが到着すると、すでに撃ち合いが始まっていました。若い兵士が「アブラハム、あの小さい女性はだれ?」と聞きました。アブラハムは「アシャだよ」と答えました。「なぜ彼女はここにいるの?」「アシャは、君たちに戦いをやめさせるために来たんだ」「どこから来たのか?」「インドだ」。すると兵士は言いました。「もし、それほど遠くから、それほど私たちのためを思って来てくれたのなら、戦いをやめよう」。そして、兵士は彼の部下に攻撃をやめさせました。

□電話ネットワーク

南スーダンの僻地で、女性たちが私たちのチームに会って、村の女性は「毎月少なくとも17回もレイプされている」と言いました。政府軍の兵士たちによるレイプです。村の女性たちや国連PKOと協力して、私たちは2つのメソッドを作りました。一つは電話のネットワークです。女性はすべて、携帯電話を持っている人から500メートルの範囲にいて、もし兵士がやってきたら、1人の人に電話をします。その人は2人に電話をします。その電話を受けた人たちは、それぞれもう2人に電話をします。そして問題が起きそうなところにチームが行きます。

チームが来るのを見ると、兵士たちは立ち去ります。

□パトロール

もう一つのメソッドは、村を毎日パトロールすることです。国連警察が午前中パトロールします。国連PKOが午後パトロールします。私たち非武装のピースキーパーが、夕方パトロールします。1か月以内にレイプはやみました。

なぜこれは効果があるのでしょうか。武装した兵士たちは、なぜ世界中から来た非武装文民保護の活動家を気にするのでしょうか。ほとんどの武装グループには、命令系統があります。国連のような国際レベルでは、プレッシャーは命令系統のトップにかけられます。文民を攻撃せよという命令は、トップが下します。そして今、戦争の大多数の犠牲者は一般市民、文民です。しかしトップの指導者たちは、プレッシャーを止めたり、かわしたりするのが非常に上手になっています。命令系統の下流でも、戦闘員は「私はやっていない。だれか他の者だ」と言います。国際的なチームや国内のチームが現地にいると、情報を国際的に伝えることができます。しかしそれも阻止されてしまう可能性があります。現地にいることで、命

【激励】非暴力の姿勢を示す

令系統の下流の加害者レベルにまで、文民に対する暴力をやめるようにプレッシャーをかけることができます。

□激励

もう一つ、激励(encouragement)というメソッドもあります。非暴力の姿勢を示すことで、他の人々も非暴力の行動をとるように感化できます。

また、「一緒にそこにいる」という方法（プレゼンス）もあります。この方法は、ほとんど研究されていませんが、おそらく最も効果的な方法でしょう。

□非武装文民保護の効果

イギリスのある大学による調査で、非武装文民保護について次のようなことがわかりました。

◆実際に人命を救うことができる。
◆地域社会の人々が家に留まれる。
◆平和活動や人権活動がより可能になる。
◆分裂した地域社会の再構築を支援で

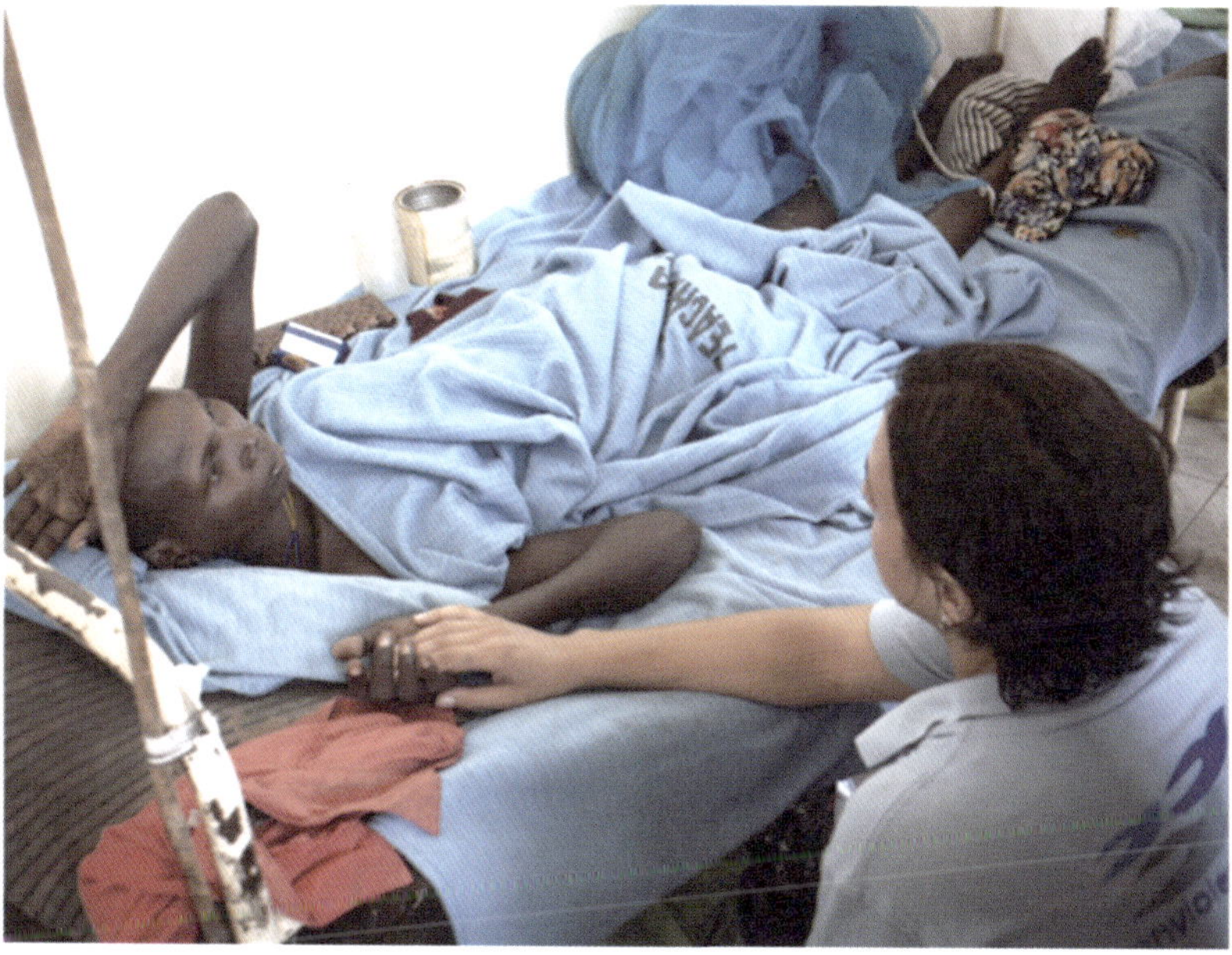

【プレゼンス】一緒にいることが最上のおくりもの

きる。
◆武装勢力の行動が変わる。
平和的なメソッドは時間がかかります。私たちは力を合わせて保護の軍事化に対抗しています。よく訓練された文民によって、保護が提供できるし、実際に保護が提供されています。国の安全保障は、人間の安全保障と必ずしも矛盾しません。

□ヒロシマへの思い

何かを変えようとするときには、古いやり方が時代遅れとなるような、新しいモデルを構築する必要があります。残酷で恐ろしい暴力を、思いやりあるホリスティックな非暴力へ変えるにはどうすればよいか、それを模索するために、今日私たちはここに集まりました。

被爆者のセツコ・サーローさんは、「私たちは暴力と戦争にとらわれている。そこから脱却するためには、文化的な変容こそが必要だ」という将来像を描きました。それでも、ここ広島で起きたことを、世界は決して忘れてはならないし、否定してはなりません。

私はアメリカの市民です。私の国は原爆を製造し、投下しました。原爆は何万人もの人々を焼き、何世代もの人々に害を与えました。何十万人もの市民を殺すことは、決して正当化できません。それは人類に対する犯罪です。命を救うために、お互いに殺し合うことはあり得ません。

申し訳ありません。

私の国が、71年前の8月のあの日に広島と長崎に原爆を投下したことに対してお詫びします。核兵器の保有によって、私の国と世界との関係が形作られてきたことに対しても、申し訳なく思います。あまりにもしばしば、私たちは軍事力を振りかざしてきました。そして、国々の家族の一員として兄弟姉妹のように接するのではなく、他者をいじめることを行ってきました。

私の国が現在、核兵器の性能を向上さ

せるために1兆ドルも使っていることに対しても申し訳なく思います。それだけの費用をかけることは、世界中の飢えた人々、病気の人々、家のない人々、きちんと教育を受ける機会を得られない子供たちから盗む行為と同じです。

私は被爆者やピースボートの友人たちや日本の多くの方々と共に、核のない世界を訴えてまいります。私たちは現在、歴史の発展期にあります。かつてないほど大勢のピースビルダー、非武装文民保護活動者、紛争を解決しようとしている人々、非暴力で抵抗している文民が世界中で活動しています。私たちは、活動しながら学んでいます。

古き時代が死につつあることを私たちは自覚すべきでしょう。そのことで暴力的かつ混沌とした反動が繰り返し起きています。バグダッド、ダッカ、イスタンブール、マラカル、オーランドもそうです。古いやり方が崩壊するとき、不思議なことが始まります。私たちは非暴力で紛争に対応する方法を生み出しつつあります。これによって近い将来、疲弊した残酷な軍事的方法は時代遅れになるでしょう。必要なものはすべて、今ここにあるのです。

□日本国憲法第9条

日本国憲法第9条は戦争を放棄し、非暴力で紛争に対処する方向性を日本の政府と市民に義務づけています。第9条は守らなければならないだけでなく、すべての国々に対する手本とならねばなりません。私たちは関心、勇気、創造力、信念を持ち、それらを力強く統合して、戦争を実際に放棄しようではありませんか。

このプロセスは苦しく、代償も伴うでしょう。自制心も犠牲も必要となるでしょう。私たちの何人かは、命を犠牲にするでしょう。それでも、フランスの地質学者であり神学者であったテイヤール・ド・シャルダンが予言したように、愛の力を活かすことを学べば、人類は2度目の「火」を発見するでしょう。

非暴力の未来をつくれないのであれば、私たちに未来はありません。ご清聴ありがとうございます。

本稿は、2016年7月6日に広島市の広島市立大学サテライトキャンパスで行われた講演にもとづいて活字化したものである。

日本国憲法前文第2段落

日本国民は、恒久の平和を念願し、人間相互の関係を支配する崇高な理想を深く自覚するのであつて、平和を愛する諸国民の公正と信義に信頼して、われらの安全と生存を保持しようと決意した。われらは、平和を維持し、専制と隷従、圧迫と偏狭を地上から永遠に除去しようと努めてゐる国際社会において、名誉ある地位を占めたいと思ふ。われらは、全世界の国民が、ひとしく恐怖と欠乏から免かれ、平和のうちに生存する権利を有することを確認する。

日本国憲法第9条

日本国民は、正義と秩序を基調とする国際平和を誠実に希求し、国権の発動たる戦争と、武力による威嚇又は武力の行使は、国際紛争を解決する手段としては、永久にこれを放棄する。

前項の目的を達するため、陸海空軍その他の戦力は、これを保持しない。国の交戦権は、これを認めない。

日本国憲法が想定する非軍事による平和構築
――憲法9条と非暴力平和隊――

君島東彦

1　「しない」平和主義と「する」平和主義

日本国憲法の平和主義には「しない」平和主義と「する」平和主義の2つの側面がある。まず憲法9条は、戦争をしない、戦力を保持しないという「しない」平和主義である。それと同時に、憲法前文は、「専制と隷従、圧迫と偏狭、恐怖と欠乏」等の暴力を克服しようとする国際社会の努力に合流する日本国民の決意を述べている。これは、世界各地で行われている平和をつくる努力に日本国民が合流するということであり、「する」平和主義である。もちろん憲法前文は9条とセットで読むべきものであるから、日本国民の平和をつくる努力は非軍事的でなければならない。

「する」平和主義の方法として、第一に、様々なNGO活動が挙げられるであろう。ここで、日本国憲法の平和主義と世界のNGOとの「同盟・共闘関係」が生まれるのである。

NGO活動は、主として開発援助、環境保全、人権保障、ジェンダー正義、軍縮・平和構築等の分野においてなされているが、その活動内容は非常に多様である。紛争地で、非軍事的な方法で住民を保護しようとする非暴力平和隊の活動は、まさに日本国憲法の下で期待される「する」平和主義の好例といえよう。

わたしは日本国憲法と非暴力平和隊は相互依存関係にあると思う。日本国憲法の「する」平和主義のひとつの方法として非暴力平和隊の活動は重要であり、同時に、非暴力平和隊の活動にとって日本国憲法の下にある日本国民・日本政府の支持・支援は重要なのである。

2　岐路に立つＰＫＯと自衛隊

国連ＰＫＯは、国連憲章が予定していない制度である。国連憲章の当初の予定は集団安全保障（国連軍）であるが、冷戦（米ソ対立）ゆえに集団安全保障は機能せず、安保理常任理事国ではなくて中小国主導で生み出された知恵が停戦監視的なＰＫＯであった。ＰＫＯは一定の役割を果たしてきたといえようが、冷戦後、ＰＫＯが軍事化していく傾向を示した。もともと平和維持活動とは、そこに平和（停戦）が存在していて、それを維持するということである。ところが、近年のＰＫＯは、維持すべき平和（停戦）がないところで活動する場合がある。そうなると、国連ＰＫＯ部隊は中立的な停戦監視者ではなくて、紛争当事者になってしまう。南スーダンではそういう危険がある。

このようなPKOの軍事化の傾向を抑制して、本来のPKOにもどるべきだ、また軍隊だけではなくて、NGOの役割も重視すべきだと主張するのが、昨年出された国連報告書（ホルタ・レポート）である。しかし、最近の南スーダンPKOはますます軍事化の度合いを強めていて、国連安保理は南スーダン政府の同意なしにPKO部隊の追加派遣を決めている。

2015年に成立した新安保法によれば、「駆けつけ警護」の任務等、自衛隊の武器使用の範囲が拡大している。いま派遣されている自衛隊部隊には新しい任務は与えられていないが、PKOの軍事化とともに、自衛隊任務の軍事化も危惧される。

ホルタ・レポートが、国連平和活動においてNGOの役割も重視すべきだと述べているのは、メル・ダンカンらの非暴力平和隊の関係者がホルタ座長に提言したという背景があることをここで強調しておきたい。

3　テロリズムを克服するのは軍隊ではない

去る7月1日、バングラデシュのダッカで、レストラン襲撃事件が起きた。「イスラム国」に連なるイスラム過激派の集団によって、外交関係施設が集まっている地区のレストランが狙われたと考えられている。犠牲者には、7人の日本人が含まれていた。すでに数年前から、「イスラム国」は日本人をテロの対象としている。日本は「イスラム国」を攻撃する米国の重要な同盟国として見られていて、その点で日本人もテロの対象となるのである。

新安保法のもとで、自衛隊が米軍を支援する活動を拡大した場合、日本人がテロの対象となるリスクは高まるであろう。新安保法は日本の平和と安全を高めるという政府の説明と反対のことが起きるのではないか。

非暴力平和隊はシリアでの活動を模索している。シリアで暴力克服の活動をしている現地のNGOと協力して、シリアでできることを追求している。テロリズムを克服するのは軍隊ではなくて非暴力平和隊のようなNGO活動ではないだろうか。

平和をつくること、テロリズムを克服することは非常に時間と手間がかかる。武力行使によってこれらのことが実現できるとは考えられない。テロと反テロ戦争の悪循環に陥っていくのではないか。非暴力平和隊の活動のような、非軍事のNGO活動の地道な努力こそが有効であろう。日本国憲法の平和主義と世界のNGOとの「同盟・共闘」の重要性を改めて強調したい。

4　沖縄と東アジアの平和

いまわれわれにとって最大の課題は「沖縄に対する暴力・不正義」をどのように克服するかということである。沖縄の米軍基地を死守しようとする日本政府と米国政府に対して、沖縄の人々は持続的な非暴力の抵抗をしている。日米両政府が沖縄の米軍基地を重視する理由は、中国の脅威、東アジアの緊張関係である。沖縄の米軍基地を縮小する――新基地建設を阻止する――ためには、日中関係の改善、東アジアの緊張緩和が前提条件となる。

新安保法は、日米同盟の強化によって中国・北朝鮮の脅威に対抗しようとするものである。しかしこの方向性は、日中間の対立の激化、東アジアにおける際限のない軍拡競争に陥っていく危険性を持っている。この方向性は日本国憲法が想定する方向性――「平和を愛する諸国民の公正と信義に信頼して、われらの安全と生存を保持」する――とは正反対であり、それが有効であるとは思えない。

沖縄の米軍基地は東アジアの緊張関係によって正当化されている。日本、米国、中国の政府がこの緊張関係を緩和する努力を怠るのであれば、民衆がその努力を始めなければならない。国境によって分断され、対立させられている民衆が、国境を超えてヨコにつながっていくこと、日中双方の民衆が持っている他の民衆への「差別意識」「脅威感」を自覚し、それを克服しようとすること、そして各国の民衆が各国政府の軍事化政策を批判・抑制していくこと、これらのことが東アジアの平和の基礎である。これらの方向性を追求していったとき、沖縄の米軍基地の必要性・正当性は減少していくであろう。

沖縄の米軍基地問題の克服も、やはり民衆、市民社会、NGOのレベルで、国境を超えてつながることがカギとなるということを再確認したい。いま沖縄、中国、台湾、韓国、日本を横断する〈批判的な知〉のつながり、民衆のつながりが萌芽的に、しかし確実にあらわれている。沖縄の非軍事化と東アジアの軍事化抑制とはセットであり、それを推進するのは越境する東アジアの民衆である。われわれもそこに合流したいと思う。

【講演者メル・ダンカン（Mel Dancan）略歴】

非暴力平和隊（Nonviolent Peaceforce= ＮＰ）共同創設者／特別プロジェクト責任者。

１９５２年５月25日、米国アイオワ州生まれ。国連・米国議会・新規プロジェクト・その他広報・渉外担当として、活動拠点の選定や具体的な活動の計画等で重要な役割を果たしている。とくに活動資金確保のために不可欠な国連や米国政府等に対するキャンペーンに、無類の力量を発揮している。その活動の便のためミネソタ州の自宅を離れ、多くの時間をニューヨークで過ごす。

□学歴：マカレスター大学卒（セント・ポール、ミネソタ州）

□家族：妻と８人の子ども（すべて発達障害児の養子）

□主な経歴：１９６０年代、ベトナム反戦運動に参加、兵役拒否。１９７９年、全米初の発達障害児の支援組織ＮＧＯ設立。

１９９０年代、イラクへの医療支援。

１９９９年ハーグ平和会議に参加、デビッド・ハートソーと共に非暴力平和隊設立に合意。

2002年、インドで非暴力平和隊設立総会を開き、現在まで非暴力平和隊の創設者として重要な役割を果たしている。

2015年6月の「非武装の文民保護（UCP）に従事しているNGOのこれまでの貢献に鑑みて、国連平和活動はこれからもっとこれらNGOとの連携をはかるべきである」という勧告を含む「国連平和活動に関するハイレベル独立委員会報告書」採択に多大の貢献をした。

2016年4月11〜13日、ローマ教皇庁の〈正義と平和評議会〉とNGOパックス・クリスティ・インターナショナルとの共催で行われた会議、「非暴力と正義の平和——カトリックの理解と献身」に世界の非暴力活動リーダーのひとりとして参加。この会議が採択した「最終文書」は、戦争否定と非暴力を再確認し「正しい戦争」（正戦論）を否定した画期的なものである。

広島平和記念碑の前に立つメル・ダンカン

【非暴力平和隊（Nonviolent Peaceforce）】

フィリピン、南スーダンなどの紛争地において非軍事の平和構築、住民保護の活動をしている国際NGO。2016年のノーベル平和賞にノミネートされている。非暴力平和隊・日本（Nonviolent Peaceforce Japan）は、その活動を支援する日本の団体。

2002年12月、インドで正式に発足。国際事務局はアメリカのミネソタ州にある。紛争地地元の非暴力運動体・平和組織と協力し、国際的なチームを派遣することによって、地元活動家等に対する脅迫、妨害等を軽減させ、地域紛争が非暴力的に地元の人によって解決できるよう「環境づくり」をすることを目的としている。

非暴力平和隊の最初の派遣地はスリランカで、2003年11月から日本人女性1人を含む11人のフィールド・ワーカーが活動した。内戦停戦を定着させるための平和活動を開始したのに続き、2007年からはフィリピン・ミンダナオに活動地を広げる。ここにも日本人女性が1人参加した。2010年以降は南スーダンで国民投票の監視等に当たってきた。さらに、ロシア西部の南オセチアやミャンマーに活動地を広げようとしている。

■活動手法

世界各地から選ばれて現地で活動するフィールド・ワーカーは、約2か月間の訓練後に紛争地域に派遣され、ダンカンの講演にもあったような、護衛的同行、国際的プレゼンス、割り込み、情報発信などを行っている。

■非暴力平和隊の賛同者・賛同団体

□賛同者

オスカル・アリアス（元コスタリカ大統領）＊
ダライ・ラマ14世（チベット仏教最高指導者）＊
アドルフォ・ペレス・エスキベル（アルゼンチンの平和運動家）＊
ラモス・ホルタ（東ティモールの独立運動家、元大統領）＊
マイレード・マグワイア（北アイルランドの平和運動家）＊
リゴベルタ・メンチュ（グァテマラ先住民人権活動家）＊
レフ・ワレサ（前ポーランド大統領）＊
エラ・ガンディー（南アフリカ国会議員、マハトマ・ガンディーの孫）
オルシェグン・オバサンジョ（ナイジェリア大統領）
シェイク・ハシナ（元バングラデシュ首相）
（＊が付いている人は、ノーベル平和賞受賞者）

□賛同団体

ハーグ平和アピール／国際友和会／活動する仏教徒の国際ネットワーク／イスラム平和協会／国連ミレニアム・フォーラム／ユダヤ平和協会／婦人宗教家指導者会議など。

【講演日程】

〈東京〉

●シンポジウム「非軍事による平和構築の最前線——南スーダン、シリアでのＮＧＯ活動、カトリック教会の自己改革」

・日時　２０１６年７月３日（日）14時～17時
・会場　明治学院大学白金校舎　本館10階　会議場
・基調報告　メル・ダンカン（国際ＮＧＯ非暴力平和隊　創設者）
・討論　山崎龍明（世界宗教者平和会議理事）
・討論　君島東彦（立命館大学国際関係学部教授）
・司会　高原孝生（明治学院大学国際平和研究所所長）
・共催　明治学院大学国際平和研究所／ＮＧＯ非暴力平和隊・日本

・後援　日本カトリック正義と平和協議会

●院内集会「非武装のPKO――憲法9条を実践する国際NGO」
・日時　2016年7月4日（月）10時～11時45分
・会場　参議院議員会館　会議室
・基調報告　メル・ダンカン（国際NGO非暴力平和隊　創設者）
・司会　安藤博（非暴力平和隊・日本　事務局長）
・共催　ピースボート／非暴力平和隊・日本

〈京都〉
●シンポジウム「非軍事による平和構築の最前線――南スーダン、シリアでのNGO活動、カトリック教会の自己改革」
・日時　2016年7月4日（月）16時30分～18時30分
・会場　立命館大学衣笠キャンパス 恒心館730教室
・基調報告　メル・ダンカン（国際NGO非暴力平和隊　創設者）

・司会・討論　君島東彦（立命館大学国際関係学部教授）
・主催　立命館大学国際地域研究所・平和主義研究会

〈広島〉

●シンポジウム「南スーダンにおけるＰＫＯとＮＧＯ――ホルタレポートを手がかりとして」
・日時　２０１６年７月６日（水）18時～20時
・会場　広島市立大学サテライトキャンパス、セミナールーム
・報告　井上実佳（広島修道大学法学部准教授）
・報告　メル・ダンカン（国際ＮＧＯ非暴力平和隊　創設者）
・司会　河上暁弘（広島市立大学広島平和研究所准教授）

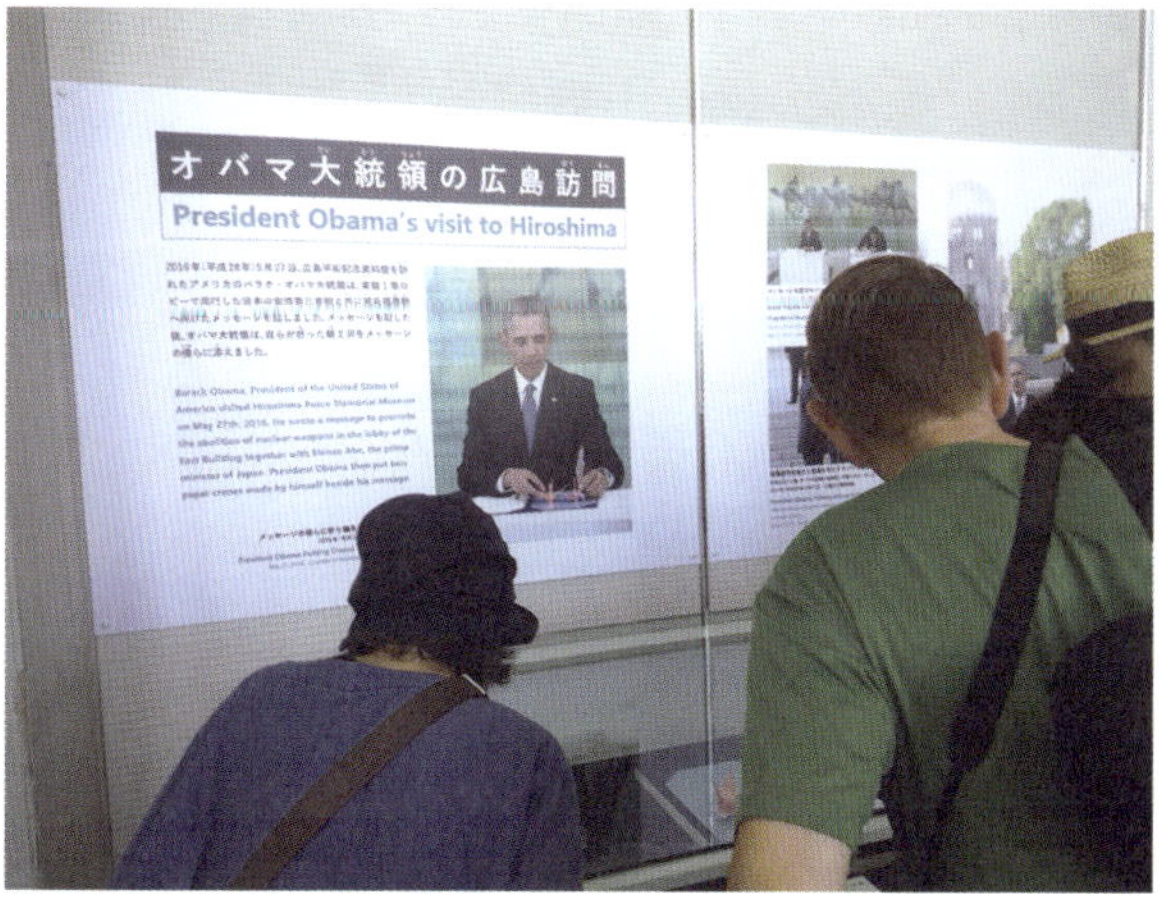

広島平和記念資料館にて
2016 年 5 月 26 日オバマ大統領広島訪問。同資料館を訪れた大統領の署名とその際に撮影された写真を見る来館者

＊＊非暴力平和隊はいつでもあなたのご入会
およびご支援をお待ちしています＊＊

正会員（個人のみ）
一般：10,000 円
学生：　3,000 円
賛助会員
一般個人：5,000 円（1 口）
学生個人：2,000 円（1 口）
団　体　：10,000 円（1 口）

■郵便振替：00110-0-462182　加入者名：NPJ
通信欄には住所・氏名の他、会員種類を記入してください。
賛助会員の場合は口数もご明記ください。

■銀行振込：三井住友銀行　白山支店　普通 6622651
名義：NPJ 代表　大畑豊
銀行振込の場合は事務局まで 電話・ファクス・メールで
ご入会希望と住所・氏名の御連絡をお願いします。

電話　080-6747-4157　　Fax　03-3255-5910
メール：npj@peace.biglobe.ne.jp
URL：http://np-japan.org/4_todo/todo.htm#member